꽃달임

박정자 시집
꽃달임

인쇄| 2007년 10월 20일
발행| 2007년 10월 25일

글쓴이|박정자
펴낸이|장호병
펴낸곳|북랜드
110-999 서울 종로구 신문로1가 오피시아 1406호
대표전화 (02) 732-4574 | (053) 252-9114
팩시밀리 (02) 734-4574 | (053) 252-9334

등록일| 1999년 11월 11일
등록번호| 제13-615호
홈페이지| www.bookland.co.kr
이-메일| bookland@hanmail.net

편집주간| 곽흥렬
책임편집| 김인옥
영　업| 최성진

ISBN 978-89-7787-446-7 03810

값 7,000 원

石雲 **박정자** 시집

꽃달임

북랜드

여는 말

꽃달임

'꽃달임'을 국어사전에서 찾아보면 '진달래나 국화의 꽃잎을 따서 전을 부치거나 떡에 넣거나 하여 여럿이 모여 먹는 놀이'라고 한다.

꽃꿈에서 잠을 깨어 탁자 위에 꽂혀 있는 들꽃을 바라보며 아침을 먹고 차를 마시고, 산과 들에서 꽃을 만나 사진을 찍으면서도 연신 꽃 이야기 그칠 새 없는 날들.

들꽃이나 나무의 꽃, 잎, 열매, 뿌리 등으로 전을 부치거나 튀김, 나물을 만들어 먹고 술을 담그며 차를 나누는 재미 쏠쏠한 가운데, 다음에 나올 꽃 사진 · 시집 『꽃탑』을 짓느라 곁눈 돌릴 사이 없고, 한편으론 꽃 사진과 글이 담긴 엽서, 카드, 우표, 명함을 띄우며 아날로그 시대를 살면서 『풀씨의 숨소리』 이후 4년여 만에 내놓는 이 시집 이름을 『꽃달임』으로 삼는데 주저하지 않았다.

비꽃(가칭: 표지 사진)을 만나게 해 준 김영숙 시인님께 감사한 마음을 전합니다.

2007(4340)년 9월

다물(多勿) 시마루에서

石雲 朴貞子

차례

첫째 마당
삶의 여정

둘째 마당

꽃과 함께

셋째 마당

세상 구경

첫째 마당

삶의 여정

알밤의 여행

여름 내내
굳게 닫아 두었던
대문을 열고
훌훌 여행을 떠나자

살랑거리는 가을바람 핑계 삼아
훌훌 떠나자

누굴 만나 어디로 갈지
전혀 알 수 없지만
어디서 무엇이 될지도
짐작할 수 없지만

새벽달 그림자

산길 올라갈 땐
앞서거니 옆서거니
한몸처럼 움직이며
속엣말 도란거리며 걸었는데

내려올 땐
허전한 길
혼잣말 중얼거리며 걸었네

도토리거위벌레

나무에 달린 도토리 속에다
알을 낳아서
그 도토리가 달린 잔가지를
익숙한 솜씨로 잘라
수북수북 떨어뜨려 놓은 걸
밟고 지날 때면
놈을 좀 보고 싶다
너 참 대단한 놈이라고
말해 주고 싶어서

또 물어볼 말도 있다
네 입엔 톱이 달렸느냐
아니면 가위가 달렸느냐고
그리고 도대체
그 힘은 어디서 나오느냐고

첫 나들이

어디만큼 오고 있는 봄을
앉아서만 기다릴 수 없어
설레는 가슴 안고
주섬주섬 떠난 마중 길

아름드리 노송 아래
버석거리는 묵은 갈잎 속에선
새싹의 새근거리는 숨소리
들릴 것만 같아도
옷깃 여미게 하는 그늘 바람결엔
움츠러드는 마음인데

아직도 감감한 꽃 소식에
안달이 난
노랑나비 한 마리가
팔랑팔랑 봄을 부르고 있다

솔개의 입춘 비행

잠시 잠깐
가을 하늘을 빌려온 듯한
푸른 하늘에,
눈 쌓인 산골짜길 내려다보며
유유히 날고 있는
솔개 한 마리

한가롭기만한
그 고고한 날갯짓에
무슨 딴 걱정이야 있을까

눈 녹이는 햇살 앞세워
움트는 버들강아지 마중하는
축하 비행 쇼!

독수리의 떼춤

고향은 어디며
몇 살부터
누구에게 배워 익힌 춤 솜씬가!

눈 쌓인 송라산을 배경으로
맑은 하늘 무대에서
검은 소맷자락 너울거리기 시작하면
어느덧,
햇살은 찬란한 조명이요
바람은 은은한 선율 되어
멋과 여유와 끼가 잘도 어우러지는
공중 예술의 진수

눈밭에 젖은 발이야 좀 시린들
그게 무슨 대수겠냐!

고라니 발자국

며칠째
눈이 하얗게 내린 후에야
드디어 나타난 고라니

귀를 쫑긋 세운 놀란 표정으로
빤히 바라보더니
삽시간에 어디론가 사라졌지만

그가 남긴 발자국은
세상을 바꿔 놓았고
새로 쓰는 산기슭의 역사

눈이 다 녹아버린 후에도
한 점 그리움처럼
뭉게뭉게 피어날 거야

여름은 가고

복병처럼 사방에서 우르르 나타나
앞을 막고
사람을 떠메고 가기라도 할 듯
죽기 살기로 달라붙던 모기 떼들
다 어딜 가고

주책없이 흘러내리는 땀 식히며
쉬어 가던 바위 위엔
을씨년스러운 낙엽만 수북이 쌓였으니

하루에도 몇 번씩
가슴 두근거리게 하던
갖가지 여름 꽃들 눈에 삼삼하여
푸른 하늘에 하나하나 그려 본다

솔가리길

지난해 가을
쉬엄쉬엄 떨어질 때부터
멀리 날아갈 생각은
애시당초 하지도 않은 듯
제 나무 밑에 채곡채곡 쌓였다가
살아 있을 때보다
더욱 진한 솔 향기로
빨갛게 타버린 전신

검초록으로 푸르를 땐
그 젊음 하나로도
마음 푸르게 하더니
생명 다한 후
농익은 갈색 향기는
너만이 간직한 미학의 세계

부활의 노래

겨울 끝자락
어둑어둑한 새벽 산길
해묵은 마른 풀섶에
쪼그리고 앉아 있는
장끼 한 마리

흡사 살아 잠든 것인 줄 알았으나
죽어 꽁꽁 얼어붙은
슬픔의 덩이였다

총 맞은 상처 없었으니
몹쓸 약이라도 먹은 것일까?
풀리지 않는 복잡한 마음인 채
고이 안고 산을 내려왔다

열흘 후
살아 돌아온 듯
다시 태어난 박제였지만
여전히 화려한 외투에
남색 댕기 눈부시고
두 눈 동그랗게

긴 꼬리도 멋스러우니
지난날 목청 높이 불렀던
아름다운 노래
다시 한번 불러 보렴

시를 짓고 있는데

시를 짓고 있는데
전화벨이 느닷없이 울리면
볼펜이 깜짝 놀라 멈추고
원고지가 토라져 앉는다

수화기를 놓고 돌아서서
은근히 벌이는 수습 작전
그래도 다행인 거 너 아니?
손전화, 이-메일 같은 거 없으니
더는 방해할 자 없다는 사실을…

창 밖에 산책 나온 까치의
깜짝 응원 탓인지
이내 풀어진다
고마운 일이다

새벽 연인

이슬 머금은
초가을 그믐께
동녘 하늘

오직 샛별 하나 데리고
동그마니 기다리고 있는
새치름한 조각달
처연하다

뒤돌아보는 사이에라도
해 뜨면 사라져야 할
다가올 운명
훤히 알고 있기에

어두운 그믐밤에도
눈부시던 날 생각하며
두렵지 않다네
두렵지 않다네

언 밥 한 숟갈

눈보라 몰아치는 한겨울 밤
주인집 부엌 찬장 속에
꽁꽁 얼어붙은 밥
한 숟갈을 입에 떠 넣고
어석어석 씹어 삼키면서
비로소 알게 된 삶

따끈한 국, 맛있는 반찬
생각할 겨를도 없이
이빨로 얼음을 녹이며
혀로 달랜 후
떨리는 몸으로 잠이 들었다

언 밥 한 숟갈 덕택에
찬밥 투정 모르고
따뜻한 밥의 의미도
알게 된 건 아닐까!

경험의 벽돌

그날이 그날 같아도
나날이 일어나는
새로운 경험

쌓이고 쌓이면
그것이 바로 인생일 텐데

아침나절에 쌓은 벽돌
마르지도 않았건만
눈꺼풀 속으로 말려드는
서산마루의 초승달

개울물 속의 돌

산골짜기를 흘러내리는
맑은 물 속 들여다보다가

햇살 일렁이는 물살에
어리비치는 돌 하나
하도 예뻐
냉큼 집어올렸더니
파동치는 물소리만 들었을 뿐
손에 있는 돌은
그 돌이 아니었다

비로소 실수란 걸 깨닫고
얼른 제자리에 내려놓긴 했으나
아무 일도 없었다는 듯
출렁이는 물살에
씻은 손 부끄러웠네

산에 들면

산에 들면
그때부터는
입은 꾹 다물고

코와 살갗을 열어
향기로 숨을 쉬며

눈으로는 하늘을 보며
흙과 풀과 돌과 나무와
꽃, 벌, 나비, 개미, 거미, 뱀까지도
눈에 보이는 건 다 보라

귀로는
물소리, 새소리, 풀벌레 소리와
바람 소리, 내 숨소리도
가슴으로 들어라

진정 그렇게 하면
말 없이도 산이 되리라
산이 되어 산에 살리라

덤으로 얻은 기쁨

발코니 화분에서
통통하게 살진
고구마를 캐고

익을 대로 익어
붉은 속살까지 부끄럼 없이 드러낸
석류를 따 내렸다

겨울 한복판에서 일어난
행운의 사건

덤으로 얻은 기쁨
가슴은 두근거리는데
입 안에선 침이 고인다

아침 서리꽃

아무렇게나 쓰러진
묵은 풀대에 피어난
하얀 서리꽃
조심스레 밟고 지나가자니

찬바람에 시리던 가슴
뜨거운 열꽃 되어
오랜 친구 같은
편안한 길

아침 햇살 받아 물고
놀러 나온 산까치도
빈 나뭇가지 흔들며
그렇다는구나

봄 소식

드디어, 신이 보낸
계절을 부쳐온
우편물이 당도했다
하늘우체국 소인이 찍힌

좀처럼 그칠 기미 보이지 않던
성가신 눈 섞인 바람 자국
검은 상처의 딱지처럼
조심스럽게 벗겨 내니
가지가지마다 노랗게 피어나는
생강나무꽃

들이쉬는 숨결 따라
손끝 발끝까지
춤추는 천만 가지 핏줄
몸 안에서 봄이 피어나네요

모험

털도 덜 자란 새 한 마리가
첫 비상에 나섰다

위를 보니
그 끝이 어딘지 알 수 없어
아득하기만 한 하늘
막막하다

발 아랠 보니
천길 절벽 아래 펼쳐진
까마득한 푸른 바다
어지럽다

다리에 힘을 주어야 하는데
부들부들 떨려
허공을 밟는 듯 아찔한 순간에
어느덧 펼쳐진 날개가
자신도 모르는 사이에
바람을 일으키며 날아오르고 있었다

내 밥상

심심하고 얼큰한
된장찌개 없는 밥상은
내 밥상 아니다

김친 없어도
된장찌갠 있어야 내 밥상이고
쇠고기 생선 없어도
된장찌갠 있어야
바로 내 밥상

퍼내고 퍼내도
줄어들지 않는 사랑 있다면
이런 맛일까?
평생을 두고 봐도
싫지 않는 사람 있다면
이런 맛일까?

아무리 먹어도 물리지 않는
그 맛 하나로 밥상을 차린다

밥 먹었냐

아침나절에
당신 손으로 바늘귀를 꿰어
바느질까지 하셨다는 할머니가
혼수상태로 누우셨다기에

조퇴를 하고 돌아온 나에게
"밥 먹었냐?"
그리곤 그만이었다
더는 아무 소리도 들을 수 없었다

30년이 지난 지금도
그 말 한마디 생각하면
눈시울이 붉어지고
목 안이 달아오른다

"네, 밥 먹었어요."

끝날 수 없는 포옹

6천 년 내내
얼굴 마주보며 포옹을 하고 있는
젊은 남녀가
온 세상에
고스란히 드러난
참 아름다움 앞에서

아하!
소리가 절로 나온다

오랜 인간사에
새로 그려진 그림 한 장
인류와 함께 할
새로운 사랑의 메시지

'영원한 사랑은 함께 사는 것이 아니라
함께 잠드는 것'

* 이탈리아 북부 만토바 신석기 유적지에서 서로 포옹한 채 묻힌 젊은 남녀의 인골이 거의 완전한 상태로 발굴되었다. (20007.2.7)

섣달 그믐날 밤

섣달 그믐날 밤
하늘에 반짝이는 무수한 별
밤새워 바라보다

그 별 하나씩
가슴에 품고
또다시 일년을 살아가는
사람, 사람들

별이 가슴에 가득 차면
저마다 별이 되어
하늘로 오른다

신선과의 동행

집을 나설 땐
중천까지 마중 나와 있던
눈부신 새벽 반달

달빛으로 물든 산길 걷다 보니
어느덧 하늘엔
늙은 비구름과 야합한
회색 장막의
안개뿐이더이다

어떤 이별

화분에 물을 주려고
바가지로 물을 퍼서 들어올리는 순간
'철벅' 하는 소리와 함께
순식간에 벌어진 상황

온전히 텅 빈
허무의 실체를 만나
가슴은 놀라 곤두박질치고
눈에는 번개가 스쳤다

빠진 바가지 밑바닥 조각은
물과 함께 대야에 처박혀 출렁거리고
힘주어 들어올리던 오른손은
윗부분 조각만 달랑 잡은 채
허공에 떠 있었다

그래, 갈 땐 그렇게 가는 거야
가는 자도 남는 자도
후회도 아쉬움도 없게
그렇게 훌쩍 가는 거야
주황색 플라스틱 바가지와 만난 지
30년 만의 일이었다

요즘 매미의 깜짝 쇼

지루하게 내리던 비
뜨음해진 사이
콘크리트 아파트까지 날아와
먼지 낀 방충망 붙들고
매암매암 목청 높여
기량껏 쇼를 하고 있는
작은 매미 한 마리

드넓은 숲속
전용 무대를 벗어나
변변찮은 곳까지
관객 찾아온
어설픈 단독 공연

느닷없이 펼쳐진
색다른 구경
재미도 쏠쏠하더이다

귀뚜라미 연정

올해도 어김없이
바람처럼 나타나고서야
부리나케 널 맞이하며
마음은 벌써
가을 들판을 걷는다

푸른 잎조차 녹아나는
더위 한복판에서
숨죽이고 있다가
처서를 디데이로 삼은 듯
가을을 끌고 나오는
대단한 힘

가슴 터질 듯
살맛 나는 계절
가을 맞으러 간다

귀뚜라미 노래하는 밤 (제1일)

오늘 들으니
즐거운 노랫소리가 아니라
떠나보낸 님의
울음 머금은 원망의 소리
갈래갈래 멍울 끊는 소리

그 울음 소리
창가를 떠날 것 같지 않으니
기어이 이 밤을
홀딱 새울 모양이다

귀뚜라미 노래하는 밤 (제2일)

발코니 화분 숲에서
밤새워 끌탕 하더니
먼동이 아침 안개를 다 밀어내도록
어젯밤 목소리 그대로
가슴 적시는 것은
눈물 어린 아름다움과
구슬픔의 합주인 듯

필시, 저 친구도
태어남은 곧
소멸의 시작이란 걸
이미 알고 있는 듯

귀뚜라미 노래하는 밤 (제3일)

노랠 부르든
울음을 울든
상관할 바 아니지만
쉬지도 않고 그러고만 있으면
밥은 언제 먹고
잠은 언제 자느냐

창 밖엔 비바람까지 부는데
무슨 맺힌 한 그리도 많아
밤낮도 모르고
'귀뚤귀뚤' '귀뚤귀뚤'만
외치고 있느냐

듣는 내가
답답하고 답답하구나

귀뚜라미 노래하는 밤 (제4일)

도대체
누굴, 언제까지
그렇게 기다릴 거냐?
부르다 부르다
목에 피가 맺혀
터질 것만 같은데

혹시,
만날 장소가
어긋난 건 아닐까?
첨부터 잘못된
인연은 아니었을까?

공연히
도리질만 하는 내 마음
짠하다

귀뚜라미 노래하는 밤 (제5일)

목이 쉬어터져
숨을 고르고
다리가 저려
좀 쉬는가 싶더니

그동안 득음을 한 듯
한결 여유롭고 부드러워진
네 목소리가 새롭게 들린다

삶은 스스로 터득하는
죽음에 이르는 길이기에
잠시라도 한눈 팔지 말고
땅을 믿고
하늘을 새기며
깨어 있거라
깨어 있거라

둘째 마당

꽃과 함께

용담꽃과 나

꽃 사진을 찍기 시작한 이후
처음으로 만든 엽서도
보랏빛 용담꽃 사진

실내에 걸어놓은 그림 한 점도
친구가 그린 용담꽃 풍경

가을 햇살에 눈부신 꽃을
한아름 꺾어다
꽃꽂이를 한다
그 꽃 시들 즈음부터
내년에 다시 꺾어 올 때까지
마른 유리병에 꽂혀 있으니
시들어도 아주는 시들지 않고
조용한 숨을 쉬며
함께 살아갑니다

꽃과 날씨

비바람 불어
날씨 고약하다고
필 꽃 아니 필 리 없고

비바람 멎어
날씨 온화하다고
질 꽃 아니 질 리 없으니

꽃 앞에서
날씨 타령 하지 말고
날씨더러
이래라 저래라 하지 말게나

맛난 세상

눈부시게 쏟아져 내리는
햇살 벗삼아
이리저리 헤매노라면

바람결에 나붓거리는
풀잎, 나뭇잎도 모두 꽃이요
우두커니 서 있는
돌 조각도 꽃으로 보이나니

아무도 짐작할 수 없는
아름다운 세상
진정 맛난 세상이로고

어느 과학자의 눈

줄기 세포 연구에
푹 빠져 있는
한 젊은 여자 과학자가
이렇게 말했다

난자를 예뻐하다 보니
보름달도 난자로 보인다고,
알은 찌그러진 데 없이
동그래야 잘 큰 알이라면서

보고자 하는 예쁜 눈이
한 톨 꽃씨라면
사랑 가득한 마음은
한 송이 꽃이지요

마음국화

살랑거리는 바람 따라
하늘 마냥 높아질 때면
들엔 들국화
산엔 산국화

저마다의 가슴에
마음국화 한 다발씩 피워내면
때마다
꿈꾸듯 아름답고 향기로운
그런 날 이어지고

때로는
들국화처럼
산국화처럼
고운 빛 하늘거리는
그런 날도 있겠지

새벽 궁전

문밖에서 기다리고 있던
아카시아 향기 따라 가면
꿈속 같은 안개 장막 열리며
환호하는 까치네들

포슬포슬 흙의 잠 깨는 소리
살근살근 잎 피어나는 소리
펑펑 꽃 터지는 소리
살몃살몃 꽃잎 지는 소리 정다웁고

윙윙 벌의 경보 소리
나붓나붓 나비 요분질 하는 소리
할딱할딱 개미 숨소리
바스락 바스락 다람쥐 노니는 소리
찌득찌득 거미 집 짓는 소리
비적비적 벌레 거름 주는 소리
앵앵 모기 저공 비행 소리
얼찐얼찐 하루살이 나대는 소리
휙휙 날다람쥐 재주 부리는 소리
호비작호비작 두더지 땅굴 파는 소리
질금질금 지렁이 오줌 싸는 소리

쩝쩝 진딧물 밥 먹는 소리
온갖 산새 노랫소리 어우러지고

살랑살랑 풀잎 재롱 떠는 소리
흔들흔들 나무들 여유 부리는 소리
선득선득 세월의 바람 소리까지
하늘과 땅을 부추기는데

동녘 하늘에
먼동이 튼다
어허라 천혜의 새벽 궁전 아닌가!

봄 꽃동산

흙바람에 눈 비비는 사이
연분홍, 진분홍
노랑이, 빨강이
연보라, 진보라
하양이, 연둣빛까지
봄은 아무도 말릴 수 없는
꽃들의 세상

게으른 사람
늦잠 자는 시간에도
피었다 지는 삶이라 해도
이듬해 다시 피어나는 인연을 업고

초록이 데려온 바람 사이로
벌 나비 춤추는 꽃들의 세상

꽃은 어디로 가는가

사람이 그렇듯
살아 있는 모든 것들이 그렇듯
꽃은 어디로 가는가
묻자니
애시당초 어디서 왔는지도
아직 알 수 없긴 해도

간혹은
시인의 가슴에 날개가 되어
산과 들을 날아다니며
아름다움을 노래하는
한 마리 꽃새로 다시 살기도 할까

* 꽃새 : 꽃처럼 아름다운 상상의 작은 새

아름다운 초대

하얀 반달아
그렇게 심심하게
홀로 떠 있기만 하지 말고
잠시 이리로 내려오렴

내려와서
이거 한번 먹어 봐
수정처럼 투명하고
예쁘고 귀여운
겨우살이 열매 하나 먹어 봐

오직 햇볕과 바람만으로 익은
이 진귀한 것을
영롱한 것을
나 혼자 먹을 수가 없구나

산길을 만들며

길도 아닌
산길을 만들며
철 따라
새 빛깔
새 향기에 휘말려

발은 땅을 밟고 다녀도
마음에선 온갖 꽃이 피어나
하늘을 노닌다

때로는
지친 걸음 쉬어 가는
바람 머무는 자리마다
태양이 빚어낸 꽃밭 이루나니
입 다물고 있던 오감주머니
살그머니 열리며
살살 피어나는 꽃시(詩)

봄 채비

응달진 산골짜기엔
철옹성 같은 흰 눈
여전히 꼼짝 않고 있지만

발코니 화분에선
수선화 꽃대가
햇살 따라 고개를 갸웃거리고
괭이밥꽃은 벌써
노란 가슴을 드러내며
콧노래까지 흥얼거리고

눈석임물 흘러드는
산기슭 양지쪽에선
버들강아지가
하얀 솜털을 고르며 꿈꾸듯 졸고
생강나무는 벌써
꽃봉오리의 껍질을 깨물며
옹아리를 해댄다

집에서나 산에서나
하루 해 짧기만 하다는 듯

가을에 만난 가인(佳人)

겨울 채비로 바스락거리는
낙엽 길 위에서
느닷없이 다가온
주체할 수 없는 뜨거운 포옹

어젠 민들레꽃 제비꽃 할미꽃이
단풍불로 타들어가는 가슴을
놀라게 하더니
오늘은 광대나물꽃의 굿거리장단에
냉이꽃마저 춤을 추고
쑥잎 엉겅퀴 잎사귀까지
오장을 희롱하니

아, 덤으로 만난 제5의 계절이여!
가을 속에 피어나는
못다 한 봄의 사랑앓이

칡 들여다보기

갈잎덩굴나무의 콩과 식물
산과 들에 건강 체질로 살면서
요즘은 성가신 놈이라고
푸대접을 받기도 하지만
예부터 아는 사람은 다 아는
참 괜찮은 녀석

'갈근'은 뿌리의 이름으로
약이 되고 차가 되어
사람을 이롭게 하고

'갈포'는 덩굴의 껍질로
튼튼한 옷감 되었다가
벽지로 재탄생 하면 '갈포지'

질긴 덩굴은
바구니, 광주리, 삼태기가 되어
새로운 삶을 살며
넉넉한 잎 또한
가축이나 산짐승의 맛난 음식

벌 나비 불러 모으는 꽃은
눈부신 보랏빛 향기
주체할 수 없어
찻잔에 향수로 놀고
기름에 튀겨낸 송아리는
별식 주전부리로 바삭거리며
술안주까지 넘나들며
때때로 자상한 시인을 만나면
아름다운 시가 되기도 한다

풀씨의 나라

그곳엔
아주 작은 희망 하나로도
변함없는 다짐과
간절한 기다림과
속 깊은 그리움의 햇살이 있다

누군, 땅 속에 몸을 맡기고
누군, 바람에 날리면서
가을 지나
겨울 깊어갈수록
속삭이듯 노래하고
바람이듯 춤추며

조용하고 차분한 꿈의 잔치 마당

꽃과 바람

바람 불어
꽃 떨어진다고
다신 바람 아니 볼 수 있을까

지는 꽃잎에
바람 운다고
다신 꽃잎 아니 볼 수 있을까

바람 없다고
꽃 안 떨어지고
꽃 없다고
바람 아니 울진 않을 터

바람 있기에
꽃도 꽃답게 피고
꽃 있기에
바람도 바람답게 부는 것을

노랑망태버섯

인적 드문
어둠침침한 숲속에
누가 있길래
요염하게 차리고 있는 요정

샛노란 비단실 한 올 한 올
성글게 얽어 짠
화사한 그물 드레스 사이사이로
보일 듯 말 듯 아른거리는
하얀 속살

촉촉히 내리는 비에
함초롬히 젖어들길 바라는 걸까
살랑이는 산바람에
바람나길 바라는 걸까

산외꽃 만나던 날

친구의 귀동냥을
믿는 둥 마는 둥 하면서도
쪽꽃이 있다는 산으로 달려간
친구와 나

고약스런 늦더위의 심술로
땀에 절은 몸으로
한나절을 헤매 다녔으나
쪽꽃은 이미 쪽나버리고
여뀌들 사이에서
엉뚱하게도 산외꽃을 만나
신바람이 났다

실 같은 줄기에
눈곱만 한 하얀 꽃
삐뚜름하게 토라진 듯
손톱보다도 작은 산외가 걸작이라
축하주 한잔으로
환영 파티를 열었다

아직은 쪽꽃 만날 때
아닌 모양이야…

층층둥굴레꽃 만나던 날

무작정 꽃을 찾아
헤맨 산길
주책없이 흐르는 땀 때문에
안경도 손수건도
온통 땀투성이로 엉망이고
어깨에 멘 카메라가 한 짐인 채
주금산 자락의 재 하나를 넘었다

한두 채의 집이 띄엄띄엄 있는
낯선 골목길 어느 집 앞에서
모 시인과 딱 마주칠 줄이야
전혀 예상치 못한 상황 속에
집 안으로 안내 되었는데

조그만 텃밭에 빽빽하게 들어차 있는
채소와 야생화…
그 속에 눈에 띄는 층층둥굴레꽃

산 사람은 이렇게도 만날 수 있고
만날 꽃은 어떻게든 만나는구나

두릅꽃 만나던 날

꽃 찾아 헤매다가
산기슭 어느 찜질방 담 밖에
꽃 핀 두릅나무를 발견하고
설레는 걸음으로 다가가는데
누군가가 산을 내려오면서 소리쳤다
'선생님, 여기 웬일이세요?'

얼른 알아볼 순 없었지만
낫을 들고 다가온 젊은이는
내가 근무했던 고등학교 졸업생이었다
땀에 흠뻑 젖은 런닝셔츠와
전신에 흙먼지 풀씨를 마구 뒤집어쓴 모습이
아름답고 고마워서
잠시 눈시울이 뜨거웠다

잠깐 기다리라 해 놓고
찜질방으로 들어가더니
숨찬 걸음으로 들고 나온
식혜 한 그릇
입으로는 식혜를 마시면서
마음은 식혜 속의 얼음 조각이 되어
둥둥 떠다니고 있었다

양귀비꽃 만나던 날

산기슭에 닿아 있는 집
울타리 안에
자주색 요염한 양귀비꽃 한 송이
느닷없는 유혹에
두근거리는 가슴 숨기며
렌즈를 들이대고 '찰칵' 했더니

'그 누구세요? 그건 왜 찍어요?'
안에서 나오시는 할머니
의심하고 경계하며 다가온다
'저 풀꽃 찾아다니는 사람인데요, 이 꽃이 너무 예뻐서…'

할머닌 이내 경계를 풀고
안으로 들어와 찍으라며
도시로 나간 아들 자랑하랴
꽃밭에 꽃 자랑하랴 마음이 바빴다
기르던 화초도 뽑아주며
또 오라는 당부까지 받았는데

그 할머니가
가까이 지내는 지인의 어머니일 줄이야…
세상 참 좁기도 한데
인연이란 끝을 알 수 없는 실 타래 같구나

차풀차를 마시며

풀밭에 지천인 차풀을
이제사 알아본 기쁜 마음
하얀 수증기가 되어
모락모락 피어오르는가

찻잔에 넘실거리는
연둣빛 향수 위에
허름한 조선 시대 선비가
물끄러미 서서 하는 말

이제라도 이렇게 마주하게 되었으니
세월에 익은 차맛이
백 배로 향기롭다네요

영지버섯차

어제는
눈에 불을 켜고
오로지 꽃 찾는 산길에서
우연히 마주친
덤으로 만난 인연이었건만

오늘은
쌉싸래한 향기로 변신한
향기보다 더 진한
연민의 빛깔로 우러나
입 안을 유린하고도 모자라

폐부 깊이 스며들어
막무가내로 드러눕는구나

머위쌈

그냥 있어도
까닭 모르게 나른해지는 봄날이면
생각나는 맛

질깃하면서도 쌉싸래한
싸한 맛에
나른함 달아나고
감칠맛 감도는 뒷맛까지 알면

그게 바로
쌈 중에 쌈맛

씹는 순간부터
입 안은 천국이요
위장은 잔칫날

산초의 변신

아직 덜 익은 산초를
주저리째 기름에 튀겨내면
고소하고 쌉싸래한 깊은 맛과
바삭거리는 기분 좋은 육감에
혀가 환장을 하고
침과 치아가 미쳐 뒹굴고

간장에 자작자작 졸여내면
짭조름한 진한 맛과
오묘한 뒷맛에
밥이 달고
수저가 바쁘다

말려서 짠 기름만 기억하면
아마도 섭섭해 할 거야

갓버섯 찌개

샛별 반짝이는
어둑한 산길에서
밤새워 기다린 걸 생각하면
반갑고 반가운 마음에
덥석 잡은 손

조촐한 아침 밥상에선
얼큰한 찌개 속
귀빈으로 변신하여
풋풋한 향기 끌어안고

마지막 한 모금까지
맛맛으로 피어나더이다

냉이 부침개

냉이 부침질을 끝내고
이웃 시인을 불렀더니
앵두술 한 병을 들고 왔다

어느덧
냉이는 술이 되고
술은 봄바람으로 익어
찰랑거리는 연분홍 빛 가슴

하긴 처음부터
호미로 캐온 것은
냉이가 아니고
한 소쿠리의 봄이었다

씀바귀 부침개

꽃피기 전에
야들야들한 잎을
뿌리째 캐다가
부침개를 만들면

혀를 녹이는 고소한 맛과
어우러지는 쌉싸래한 향기
그냥 삼킬 수 없어
목젖이 춤을 추면

엊그제 집 나간 입맛까지 돌아와
덥석 안기는 봄바람의
귀엣말이 궁금하구나

엉겅퀴 나물

어린 잎이라고
가시마저 없진 않지만
부침개를 지져내면
입 안에 감도는 쌉싸래한 향기와
구수한 뒷맛에
오장이 싱글벙글 하니
얽히고설킨 세상사
슬그머니 녹아나고

조금 자란 잎은
살짝 데쳐
비빔밥을 만들면
형용할 수 없는
오묘하고 깊은 씹히는 맛에
이런 저런 잡념까지도
꿀꺽꿀꺽 잘도 넘어간다네

아카시아 주안상

맑은 기름에 튀겨내도
흰 옷만 껴입었을 뿐
살아 숨쉬는 듯
탐스러운 꽃 송아리

달착지근한 향기 앞세워
맛깔스럽게도 바삭거리며
한 손으로 연신
술을 부르니

술이 되어 돌아온 꽃이
기다렸다는 듯이
술잔 위를 들락거리며
다시 안주를 부른다

찔레술

눈부시게 쏟아지는
따끈따끈한 가을 햇살 버무려
갓 구워낸 붉은 보석 따다가
술을 흠뻑 먹였더니

노랗게 만취한 속
감당하지 못하고
시나브로 게워낸 것이
천하 일품 명주라

달착지근한 향기에
입맛이 당겨
눈과 코가 이미 취했으니

느긋한 혀
점잖은 척 해봐도
한 모금에 미쳐날 것이외다

버찌술

피할 수 없이 뜨거운
여름 햇살
한입 가득 물고 굳어 버린
빛나는 검은 보석이
하얀 소주를 만나니
검푸른 분무를 토하며
끝도 없이 출렁거리는 바다

하늘 높이 솟았다 부서지는 포말에 휩쓸린
새콤달콤한 맛에
몸과 마음이 취해

벌건 대낮에도
별을 찾아 나선다

맥문동술

멍울 든 가슴까지 빛나는
가을 햇살에
알알이 반짝이는 검은 보석이
맑은 소주에 빠져
흠뻑 취하고 나면

'햐!' 소리 절로 나오는
검보랏빛 특주!

빛깔 좋아 한 잔
향기 좋아 한 잔
주는 잔 즐겁고
받는 잔 즐겁구나

너 한 잔 나 한 잔에
세상이 코 끝에 향기롭고
나 한 잔 너 한 잔에
술이 술을 오라 하네

셋째 마당

세상 구경

건널목

눈앞에서
푸른 신호등 켜졌는데도
내처 건너가지 못하고
좌우를 연신 살피면서
도망가듯 가야 한다

공공연한 약속을
믿을 수 없고
제각각인 행동은
더욱 믿을 수 없어

해가 갈수록
멀게만 보이는 건널목

하늘이시여

— 2007년 여름의 변고

아카시아꽃 하얗게 피는가 싶었으나
마을을 뒤덮고도 남던
그 싱그러운 향기 어딜 가고
하루 잠깐 얼핏거리고 말더니
나부끼는 바람결에
춤추듯 꽃비 내리듯
훌훌 떨어지지도 못하고
윤기 없는 수의 빛으로
가지에 매달려 말라버린 민망함
이파리마저 부모 잃은 아이 얼굴처럼
노랗게 물든 몰골
오, 하늘이시여!
일년 내내 기다려온
바지런한 꿀벌의 희망은 어이합니까
보송보송한 꽃 이불 기대하던
푯푯한 흙의 꿈은 어이합니까
향기 잔치 벼르고 있던
늙숙한 시인의 시심은 어이합니까
하늘이시여!

스스로 하늘 위하실 때
땅도 땅 위의 것들도
모두 다 보듬어 주셔야지요

상자 속의 산삼

바람처럼 나타난
눈부신 금빛 나신 위로
안개처럼 일렁이는 설레임도 잠깐
다소곳이 누워 있는 모습이
저으기 애처롭구나

윤기 흐르던 피부에 그늘이 지고
점점 바래만 가는 빛깔로
다시는 돌아갈 수 없는
지난날 생각하며
흐릿해지는 정신인데

경사라도 난 듯
달뜬 심마니의 목소리는
누굴 위한 즐거운 비명인가!

말의 피격 시대

뭘 일공이공(1020)이라 한다고?
풋풋하고 신선한
청소년의 희망봉을 두고

무엇을 삼공사공(3040)이라 한다고?
듬직하고 믿음직스러운
중년의 황금 동산을 두고

또 오공육공(5060)은?
멋과 여유로 넘실대는
장년의 무르익은 들녘을 두고

시대의 전령으로 나타난
글자판 두들기는 손가락이
어느덧 악성 미사일 되어
마구잡이로 짓밟을 줄이야!
밟아 뭉갤 줄이야…

자기 기분 범람 시대

자기 기분 하나 믿고
덥석덥석
갖가지 검은 도박의 물결
바다를 이루고
이런 저런 빚더미에
대형 암초까지 만나면
내 탓 아닌 네 탓 타령

자기 기분과
또 다른 자기 기분과의 충돌
파괴, 혼란, 수습, 상처 투성이
왜 모른단 말인가
깨어나소서 깨어나소서

기분은 안개와 같아서
희뿌연 시야 걷히고 나면
앙상하고 메마른 가지
여실히 드러날 것이외다

21세기 서울 달동네

달아, 달아!
네가 정말 밝다면
달동네부터
맨 먼저 밝혀줘야 옳잖겠니

고단으로 얼룩진 땟국 묻어나는
비탈진 골목마다
한숨도 얼어붙는
피 토하는 절규의 목소리조차
허공을 맴돌다 맴돌다
부서진 벽돌더미로 꺼꾸러지는데

개발의 이름으로 달겨드는
저승 사자 같은 검은 포클레인에
찍히고 눌리고 떠밀려나는데도
그저 물끄러미 떠 있기만 하는
달아, 달아……

얼짱에 얼빠진 얼간이

언젠가부터 '얼짱'이란 괴이한 말
돌림병처럼 퍼져 돌더니
여자 프로 농구 경기장에 나타난
새내기 '얼짱' 선수에
얼빠진 카메라맨

다음날 아침 신문엔
전날 단 한 골도 못 넣은
그녀의 모습만
대문짝만 하게 실렸다

카메라에 침이 흘러들어
다른 건 다 지워졌는가!
돌연한 시력 장애로
다른 건 아무것도 볼 수 없었는가!

산은 산이라 우기지 않아도

산은 산이라 우기지 않아도
산 말고
달리 부를 말 없더이다

철 따라
눈에 보이는 색깔이야
저마다 다르지만
언제나 그 자리에서
한결같은 속내 그대로이니
아무나 흉내낼 수 없는
태산 같은 믿음

행여라도
산을 빙자하여
우쭐대려 한다면
산은 필시 노하고 말 걸세

촛불을 끄자

광장에 촛불을 끄자

그런 후에
진정 빌 것이 있다면
자기 자리에 앉아서
조용히 명상을 하는 거다

명상하는 가슴엔
타는 촛불도 힘겨운 방패도
다 함께 녹아 내릴 테니까

내 편만 밝히는 촛불이라면
이제 그만 끄자
재미 삼아 들고 나온 촛불이라면
아마도 촛불은 서러울지도 몰라

검정콩벌레

김이 모락모락 나는 목욕 대야에서
막 들어내어
보송보송한 연분홍색 수건에 눕힌
갓난아기처럼
뽀얗게 토실토실한 것이
입김만 닿아도 터질 것 같은
고운 살결을 하고
아무리 보아도
귀엽게 꼼지락거린다

하얀 쌀밥을 먹고도
검은 말, 검은 생각에 절어
오장 육부까지 시꺼먼 사람
얼마나 많고 많은데

너는 어찌하여
검정콩을 먹고도
그토록 하얗게
예쁠 수가 있다더냐?

촛불이 인터넷을 만나니

촛불은
어둠 밝히는
빛인 줄만 알았더니

촛불은
자길 태우는
희생인 줄만 알았더니

촛불이 인터넷을 만나니
눈 깜짝할 사이에
권력의 나래 되어
불보라를 일으키누나

거리로 나온 촛불이
왜 이렇게 서글퍼 보일까!

이 풍진 시대의 교사

이 풍진 시대의 교사들은
참으로 죽을 지경이라네

하늘 높은 줄 모르고 날뛰는
경제 등쌀에
세상 이치 나몰라라 팽개치는
정치 등쌀에
교사들은 죽을 지경이라네

만성 소화불량에 걸린
학부모들의 욕심보까지
단솥에 콩 볶듯 하니
콩 튀듯 몸살 난 교사들은
하루도 편할 날 없어
꺽꺽대는 쉰 목소리 삼키며
뒤돌아선다네

누구의 팔매질인지도 알 수 없는
별별 돌멩이 날아들어
어디가 터진 줄도 모르게
낭자한 선혈, 선혈…

정신 몸무게

나라에서 맨 윗자리에 있는
그런 분들이,
나라를 대표하고
온 국민을 보듬고 다독거려야 할
그런 분들의 정신 몸무게가
고작 30kg이나 될라나 몰라

무게 중심이 없으니
작은 돌부리에도 걸려 넘어지고
비탈길에서는
옆을 살필 겨를도 없이
내처 달리다가
바위에 이마를 깨기도 한다

2004년 늦가을
바람 따라 흩날리는 낙엽도
따스한 햇살 만끽하며
유유히 세상을 살피며 즐기는데

영웅새의 추락

오색 광채
눈부신 날갯짓으로
가장 높이 날던
영웅새 한 마리
추락하는 모습을 지켜본
이 땅의 슬픈 증인들

별처럼 빛나던 눈동자
하늘을 찌를 듯 예리한 부리도
허술한 양심 창고에서 감염된
우롱세포의 확산에 녹아나고 말았으니
천하에 없는 줄기세포도
한갓 헛된 무지개였던가

연민의 마법에 걸린
우레와 같은 박수 소리도
한 톨 먼지로 흩어지더이다

비단벌레 날개의 빛

살아 석 달
날아다니던 금록색 날개
죽어 천년
신라 장인의 솜씨로 남아
되살아난 찬란한 광채

세상 어느 값진 보석이
이보다 더 아름답고
눈부신 게 있었던가?

고요한 마음으로
한 땀 한 땀 비단 수를 놓듯
황금 장식품에
한 개 한 개 날개를 붙이고 붙이던
십년 정성이 눈물겨워
목구멍이 아리다

한 마리 벌레의 흔적이
황금을 황금보다 더 빛나게 하는

영원한 빛으로 빛나더라

* 경주 황남동 고분에서 발굴된 신라시대 말갖춤 유물 중 비단벌레 날개로 장식한 황금 제품이 나와 세상을 놀라게 하였다. 일본에서도 발견된 바 있음.

김연아

— 종달새의 비상

온몸이 녹아나는
감미로운 선율을 이끌고 가는
눈부신 날개
고요하게 깔린 은반을 박차고 오르는
한 마리 종달새
요염한 비상!

폴폴 포르르
폴폴 포르르
신기루 같은 몸짓
한 뼘 칼날 예술의 무아경

울려 퍼지는 박수 갈채에
섬광처럼
터질 것만 같은 16살 심장 안고

포르르 폴폴 사르르
포르르 폴폴 사르르
깨어나고 싶지 않는 아늑한 황홀경
언제까지나 멈추지 않을
영원할 날개여!

* 국제 피겨스케이팅 그랑프리 파이널 대회 우승 (2006.12.17)

박병선

남편은 역사 공부요
자식의 이름은 [한국의 인쇄]

평생 연인은 [직지심체요절], [외규장각 의궤]요
데이트 장소는 프랑스 국립도서관(BNF)

늘그막에서도
한국 독립운동 관련 자료와
가족처럼 살다 보니
병약하던 몸까지
건강한 웃음으로
기쁨의 나날

누구도 흉내낼 수 없는
커다란 꽃이 되어
역사의 푸른 향기
민족의 붉은 정기
아름다워라 아름다워라

* 박병선 : [직지심체요절]이 1377년에 인쇄된 세계 최고의 금속 활자본임을 고증해 내고, 병인양요(1866) 때 프랑스가 가져간 [외규장각 의궤] 192권을 찾아냄.(2007년 1월 78세로 국민훈장 동백장 받음)

지광현 시인님

폭폭 찌는 무더위
너무 숨막혀서
새벽바람 벗 삼아
산책하듯 떠나셨나요?

갈피갈피 손때꽃 피어 있는
당신의 시집에서
알밤 같은 시어들이
두 눈 반짝이며 일어나
빈 소주잔을 가득가득 채우라 하는데

어느 훗날
물 좋은 큰 생새우탕 한 냄비
보글보글 끓이며
마주앉아 따라 드리면
옛날처럼 주름진 얼굴도 멋스럽게
허허 웃으시며
정겨운 자리 되겠지요

그때를 생각하며

마음의 향을 사르겠습니다

* 지광현 시인님 작고하시던 날. (2006.8.23)

독도 아라리

섬뜩섬뜩하게 불어 닥치는
미친 비바람 그 얼마였던가
그때마다 거친 파도 안고 오는
헝클어진 검은 해풍에도
언제나 제자리에 곧추 서서
쓰리고 아린 겨레의 얼
새기고 또 새기며
천년을 하루 같이 뜬눈으로 지켜온
동해의 굳센 나라 지킴이

아리아리 쓰리쓰리 아라리오
변함없는 그 이름
당신은 대한민국 독도
나의 피 우리의 뼈
바다 춤춘다

간악한 요괴의 몸짓으로
이날 이때까지 거품 물고 게걸거림도
그 모두가 치졸한 섬나라 기질
제 잘못 뉘우칠 줄도 모르고
집적거리는 데만 이골이 났으니

천하에 쓸 곳 하나 없도다

아리아리 쓰리쓰리 아라리오
세상에 얼굴 들고 살려거든
고개 숙이는 법부터 알거라
그것이 마지막 너의 할 일
하늘이 내려다본다

* 일본 시네마현 의회 '독도의 날' 제정 (2005.3.16) 도발에 즈음하여

고구려 혼을 성나게 하지 마라

기나긴 세월
고이 잠들어 있는
숭엄한 고구려 혼을
성나게 하지 마라

감히 너희들이
신성한 역사를 가지고 장난을 쳐?
그러니까 지난날에도
되놈 소릴 들었지!

동명성왕이
어찌하여 너희 조상이더냐?
광개토대왕, 장수왕이
육중한 돌무덤을 열고
벌떡벌떡 일어날 일이로다

천년을 지켜온 무덤의 벽화가
아직도 생생하게 꿈틀거리고
집안 광개토대왕비
충북 중원고구려비
지금도 당당하게 말을 하고 있는데

흘러가는 물줄기를
어거지로 돌리려 하면
핏빛 재앙이 먼저 다가와
땅이 요동을 치고
하늘이 곤두박질하리라
스스로 천자(天子)의 후예라면서
그리 하면 천벌을 받지요
천벌을 받지요

제발, 망나니 탈을 벗고
숭엄한 고구려 혼 앞에
사죄할지어다
사죄할지어다

금강산 타령

천하 제일 금강산이
아무리 아름답고 좋다 하나
검은 핵무기 하나면
천하에 쓸모 없는
돌 부스러기 땅

흉측한 잿가루 흩날리는 한
비단 폭 같은 폭포가 어디 있으며
눈부신 오색 단풍
기기 묘묘한 봉우리
다 옛이야기 되고 마는 것을
정녕 모른단 말인가?

누렇게 말라 가는 떡잎이라면
비료 주고 영양제 먹인다고
되찾을 초록인가!
제발 이러지들 말게나

지금이라도
음흉주머니 핵 쌈지 내던지고
하늘과 땅에 부끄럽지 않은
해맑은 얼굴 보여 주게나

함께 맘만 먹으면

지금도 많이 많이 늦었지만
더 늦어지는 것보단
지금이 훨씬 빠른 것 아닌가?

너무 오래 갈라져 살다 보니
혈맹이니, 이웃이니 하던 중국인들
고구려 역사마저 잘라 가려는
고얀 술책까지 부리지 않는가?

남과 북의 할아버지
단군 말고 어디 따로 또 있는가?
남과 북의 말과 글
한글 말고 어디 따로 또 있는가?
이제라도 훌훌 털고 일어나
손 맞잡고 가슴 끌어안으면
못 할 일이 무엇이며
안 될 일이 무엇이겠나

함께 맘만 먹으면
통일보다 더한 것도
이루고 남을 텐데…

국제 테러리스트 탈레반

모래 바람 휘날리는
권력의 뒤안길에서
트집거리조차 없는
무고한 사람까지 끌고 가
갖은 욕보이기를
놀이 하듯 하며
총탄 없이는
하루도 못 사는 사람들

종교를 팔아 종교를 짓밟고
목숨과 인륜을
쓰레기 버리듯 하면서
똑같은 땅을 밟고 다닌다

신이 있다면 신을 모독한 죄
신이 없다면
신을 빙자한 악질 사기죄 분명하니
사람도 아닌 사람들이란 사실마저
생각할 겨를도 없는 사람들

자유와 평화가 목이 메여
할 말을 잃고
사랑이 통곡을 한다

* 탈레반: 2001년에 붕괴된 아프카니스탄의 반군 무장 세력(2007년 7월 한국인 23명 납치, 2명 살해, 19명은 43일 만에 석방)

평화의 절규

평화가 떨고 있다
바그다드의 불꽃 튀는
하늘과 땅을 바라보면서

평화가 통곡을 한다
힘의 오만과
권력의 고집 가운데서

모래 폭풍 서걱이는 이빨로
피와 빵 사이에서
기절하는 노란 평화

언제쯤이면
씻은 듯한 모습으로 일어나
푸른 깃발 펄럭일는지!

백두산 연가

당신은
대한민국의 붉은 심장
오천 년 삶의 증인

당신 있으므로
이 땅에 태어나는
푸른 가슴 가슴마다
하늘 같은 천지 하나씩 품고
역사의 향기로 숨을 쉬며
손끝 발끝까지
그치지 않는 희망의 노래
흥겹고 흥겨운데

세월의 틈 비집고 불어온
괴이한 검은 바람
만리장성을 등에 업고 알찐거리며
눈앞을 가리려 하지만
그게 어디 될 법한 일인가
어림 반푼어치도 없는 일

당신이 있고
내가 있는데
우리가 있고
당신이 있는데

실종 신고

한평생 연모해 오면서
때로는 새로운 희망과 용기
기쁨의 동반자로 살아온
'눈부시게 파란 가을 하늘'

가을 깊어 가도록
아무런 기별조차 없이
기다리고 기다려도 오지 않아
애타는 심정으로
실종 신고를 합니다

하늘경찰서 관계자 여러분
꼭 좀 찾아서 돌려보내 주세요
반 세기 동안 철통 같던 적지를
걸어 넘어간 대통령도
웃으며 돌아왔는데…

티 없이 맑은
우리의 파란 가을 하늘
구월 가고 시월도 저물어 가는데
어디서 무얼 하고 있는지…

추운 겨울 오기 전에
어서 돌아와 다오
돌아와 다오

비꽃(가칭)과의 만남

몸과 마음 다 비운 듯
왜소한 몸집에
눈에 잘 띄지도 않는
칙칙한 인상으로
꽃인 듯 아닌 듯
비를 맞으며 피어나

마른날엔 입 꼭 다물고 있으면서
다시 피어날 꿈을 꾸며
비를 기다린다

빗속에서만 피어나는 까닭이 궁금하여
목이 뻣뻣하도록 들여다봐도
아무 낌새도 없이

고집과 인내로 똘똘 뭉친 녀석
그래도 예쁘다

* 국적도 이름도 알 수 없어, 우선 '비꽃'이라 부른다. 꽃잎 같기도 꽃받침 같기도 한 갈색 작은 꽃이 비만 맞으면 피기 때문이다. 물기 마르면 몇 날이고 오므리고 있는 모습은 꽃망울 같기도 열매 같기도 한 신비한 녀석을 알리고 싶어 표지 사진으로 싣는다.

|저자 작품 연보|

1. 「敎壇의 上과 下」
   - 원제목: 「스쳐간 사람들」
   - 제15회 신동아 논픽션 우수작 당선(1979)
   - 1980년 ≪신동아≫ 1월호에 수록(朴石雲이란 필명으로)
   - 「논픽션 시리즈」 제4권에 수록(동아일보사, 1980)

2. 「국적 모를 골목 기지촌」
   - 원제목: 「국적 모를 골목」
   - 제23회 신동아 논픽션 최우수상 당선(1987)
   - 1987년 ≪신동아≫ 11월호에 수록
   - 「한국 최우수 논픽션 모음」 제1권에 수록(도서출판 世代, 1990)

3. 제1시집 『白頭民族』

   ① 河洛圖書(1991. 11. 30)
   - 장편민족서사시(85편)

   ② 도서출판 청학
   - 2판 1쇄(1992. 10. 15), 2쇄(1994. 11. 30)

   ③ 남양주 · 구리 지역의 ≪풍양신문≫에 1년 반에 걸쳐 연재 (1990~1)

4. 제2시집 『아름다운 나라』
   - 시도출판사(1993. 5. 15)
   - 사진 · 기행시집(사진 309장, 시 182편)

5. 제3시집 『터 찾아 혼 찾아』

   ① 시도출판사(1994. 7. 20)
   - 민족서사기행시집(123편)

   ② 혜림출판사, 2판 1쇄(1995. 8. 1)
   - 1, 2권으로 재판 발행

6. 월간 ≪한맥문학≫에 시 당선(1994. 1월호)
   - 「蘭에게」, 「봄눈」, 「비에 젖은 낙엽」 등

7. 단편소설집 『초록색 연가』

- 시도출판사(1994. 11. 1), 15편
- 1982~1994년까지 ≪내륙문학≫, ≪북한강문학≫, ≪글핀샘≫ 등에 발표한 작품

8. 제4시집 『장자울 햇살』

- 도서출판 청학(1995. 3. 30), 160편

9. 제5시집 『오늘』

- 시도출판사(1995. 5. 1), 84편
- ≪글핀샘≫ 창간호~제4집에 연재한 '오늘의 서사시' 모음

10. 제6시집 『초록 물결 소리』

- 혜림출판사(1995. 9. 16), 91편

11. 옮긴 소설 『못다 쓴 편지』

- 혜림출판사(1995. 9. 16)
- 원작자 : 윤천(尹天), 중국 동포

12. 제7시집 『새벽의 환상곡』

- 혜림출판사(1996. 2. 5), 92편

13. 제8시집 『산바람 님바람』

- 혜림출판사(1996. 7. 5), 90편

14. 제9시집 『석 줄의 향기』

- 혜림출판사(1996. 9. 20), 1,419편
- 전 2권, 3자 말 이어짓기

15. 제10시집 『고독의 강물』

- 은혜미디어(1997. 3. 10), 85편

16. 제11시집 『꽃 나들이』

- 은혜미디어(1997. 9. 10)
- 시 82편, 산문 5편

17. 제12시집 『끝없는 대화』

- 은혜미디어(1998. 2. 28)

· 문답식 단상(斷想) 36편, 시54편

18. 제13시집 『울 수 있는 날의 행복』
  · 은혜미디어(1998. 11. 5), 92편

19. 제14시집 『꽃멀미 마중』
  · 도서출판 대일(1999. 9. 10), 88편

20. 제15시집 『사람의 숲』
  · 북랜드(2000. 7. 10), 89편
  · 제2회 교단문학상 대상 수상(2000, 12)

21. 제16시집 『풀씨 · 하나』
  · 교단문학 출판부(2001. 9. 28), 103편
  · 자필 시집, 본인이 찍은 표지 사진(며느리밑씻개꽃)

22. 제17시집 『풀씨의 숨소리』
  · 북랜드(2003. 3. 15), 92편
  · 시사랑시인선 24

23. 제18시집 『꽃달임』
  · 북랜드(2007. 10. 25), 92편
  · 본인이 찍은 표지 사진: 비꽃(가칭)